GASTON GRO
À FOND LES BANANES

Suzanne Lang
Max Lang

Traduit par Eva Grynszpan

casterman

Aujourd'hui, Gaston le chimpanzé est très excité.
C'est la Grande Course.
Il adore ce jour !

Les autres animaux sont partis assister
au départ de la course.

Chez Gaston, tout est enfin calme.
Et il est heureux.

Gaston s'allonge pour une sieste.
Il s'endort et se met à rêver...
Dans son rêve, il pleut des bananes.

OUILLE!

Gaston se réveille.
C'est Tortue qui lui tapote la tête.
– Gaston ! Gaston ! Tu dors ? demande Tortue.

– Plus maintenant, répond Gaston.
Le voilà tout grognon.

– Je veux faire la course, déclare Tortue.
– C'est pas ici que ça se passe, signale Gaston.

– Mais si tu me portes, je pourrai courir plus vite,
explique Tortue.

– Non ! dit Gaston.

– S’il te plaîîîît ?

Gaston et Tortue arrivent
juste à temps pour le départ.

– Attention ! annonce Buffle. Prêts…

– Partez ! couine Pique-Bœuf l'oiseau. Allez ! Allez ! Allez !
J'ADORE LA GRANDE COURSE !

Sacha court en tête, avec Marabout juste derrière.

Tout à coup, Porc-Épic surgit
de nulle part et les dépasse !

– Plus vite ! Plus vite ! crie Tortue.

Bernard suit les coureurs de liane en liane.
– Allez, Gaston ! Allez !

Alors Gaston et Tortue redoublent d'effort.

Mais Bernard fonce droit
dans un bananier.

– Il pleut des bananes ! s'exclame Porc-Épic.

– Non, Gaston, ne t'arrête pas !
Continue à courir ! le supplie Tortue.

Mais Gaston a envie d'une banane.

– Regardez toutes ces bananes !
se réjouissent les animaux. Youpi !!!

Pendant ce temps, Tortue poursuit sa course.

Et elle franchit la ligne d'arrivée.
– J'ai gagné ! J'ai gagné ! s'écrie-t-elle.

– C'est un rêve qui se réalise, s'émerveille Gaston.
– Oh oui, dit Bernard.

Voilà une Grande Course inoubliable !

HÉ OH ?
1
2
3

Casterman
Rue Haute 139
1000 Bruxelles
Belgique

www.casterman.com

Publié aux États-Unis par Random House Children's Books,
une division de Penguin Random House LLC, New York,
sous le titre : *Grumpy Monkey Ready, Set, Bananas!*
Version française publiée avec l'accord de Alchemy Ink, Inc.

ISBN : 978-2-203-23749-0
N° d'édition : L.10EJDN002625.N001

Achevé d'imprimer en décembre 2021, en Espagne par Edelvives
(Ctra Madrid km 315,7, 50012 Saragosse).
Dépôt légal : février 2022 ; D.2022/0053/62
Déposé au ministère de la Justice, Paris (loi n°49.956 du 16 juillet 1949
sur les publications destinées à la jeunesse).

Si vous aimez Gaston Grognon, vous allez adorer aussi...

Les grands albums Gaston Grognon

L'album tout-carton Gaston Grognon